OBSÈQUES

DE

M. LE BARON DE BARANTE

DE L'ACADÉMIE FRANÇAISE

CÉLÉBRÉES

le 26 novembre 1866

Il est des hommes dont l'existence semble si
précieuse, que la pensée qu'elle doit avoir un
terme ne s'est jamais présentée à nos esprits.
Aussi, quelques soient les symptômes qui aient
dû nous avertir, la mort qui vient les ravir à
notre affection, nous jette-t-elle toujours dans le
plus cruel étonnement, dans la douleur la plus
profonde.

Telle est l'impression qu'a produite sur la ville
entière la nouvelle de la mort de M. le baron de
Barante. Aimé et honoré de tous, chacun a voulu
déposer un dernier hommage sur la tombe du
grand homme d'Etat, de l'écrivain illustre et surtout de l'homme de bien qui, après avoir fait de
notre ville sa patrie adoptive, l'a comblée de tant
de bienfaits. Ni la longueur du chemin, ni la
rigueur de la saison n'ont pu arrêter l'élan de la
reconnaissance publique; plus de huit mille personnes sont venues à ses obsèques, témoigner par
leur recueillement et leurs larmes, de leur affection
pour celui dont elles déploraient la perte.

D'autres voix plus autorisées ont tracé le tableau
de la vie si noblement remplie de M. de Barante;
nous n'osons rien y ajouter de peur d'en refroidir
les couleurs; et d'ailleurs, qu'apprendrions-nous
aux habitants de Thiers? Fiers de posséder auprès

de nous un homme aussi illustre, nous avons tous suivi avec orgueil sa marche rapide jusqu'aux plus hauts emplois. Nous l'avons vu successivement Préfet, Conseiller d'Etat, chef de plusieurs grands services publics, Ambassadeur, Pair de France, s'élever jusqu'à l'intimité des plus grands souverains qui admiraient en lui l'inflexible droiture du caractère autant que sa vaste intelligence. Puis quand la révolution de 1848 eût renversé ce roi qu'il avait si glorieusement servi, il est venu parmi nous, dans sa belle retraite de Barante, joignant à l'assiduité du travail la facilité du génie, produire encore d'admirables ouvrages, à l'âge où l'intelligence des autres hommes, de quelque éclat qu'elle ait paru briller, est toujours frappée de stérilité.

Mais s'il est inutile de citer ici les titres de gloire de M. de Barante, est-il davantage besoin de parler de ses vertus privées? Homme politique, il a consacré tous ses efforts, toute la puissance de son esprit à la conquête ou à l'affermissement de ces libertés promises en 1789 et dont le développement avait été si long-temps suspendu; homme privé, son unique préoccupation fut de faire le bien, d'employer sa haute influence au service de ceux qui avaient su mériter son estime. Ambassadeur en Russie, il ouvrait un asile à ses compatriotes malheureux et établissait une école catholique; à son retour, il fondait chez nous la Société de secours mutuels et faisait bâtir l'église et le couvent de Dorat. Et pendant ce temps, que d'infortunes soulagées, que de bons offices rendus, que son admirable modestie n'aurait jamais voulu nous laisser connaître! Qu'elle est vraie cette parole de l'un des orateurs que nous avons entendus : «Sa charité était inépuisable et le chemin de son cœur toujours ouvert aux malheureux.»

M. de Barante est mort le 24 novembre, plein de courage et de foi ; le philosophe chrétien qui portait au fond de son cœur le calme d'une vie irréprochable, ne pouvait redouter l'approche de l'éternité ; il est mort comme le juste qui attend la grâce de Dieu avec une inébranlable confiance. Sa famille désolée a voulu conserver le plus long-temps possible les restes d'un être si cher, et pendant trois jours qu'il est resté exposé à la vénération publique, on n'a remarqué en lui aucun de ces signes terribles, tristes avant-coureurs de la destruction. Puis le corps a été déposé dans une chapelle ardente jusqu'au lundi, jour fixé pour les funérailles.

Le triste cortége, parti du château à dix heures du matin, s'est rendu à l'église paroissiale de Dorat. Le corps de l'illustre défunt était porté par des membres de la Société de secours mutuels. Le deuil était conduit par M. le baron Proper de Barante, M. le comte Perrot de Chazelle, M. Claude de Barante, MM. Fernand et Robert de Nervo, MM. Albert et Henry Perrot de Chazelle, fils, gendre et petits-fils du défunt, accompagnés de M. le baron de Villars, M. le comte Germain de Montforton, M. le vicomte de l'Aigle, MM. Ernest et Volsi Saulnier de Pierrefonds, neveux ; M. Davilliers, président de la chambre de commerce de Paris, M. Réal, cousin. Les cordons du poêle étaient portés par M. le prince de Broglie, délégué de l'Académie française ; M. le Préfet du Puy-de-Dôme, M. Grellet-Dumazeau, délégué de l'Académie de Clermont ; M. Moulin, ancien député ; M. Dubois, président du tribunal civil, M. le premier adjoint de la ville de Thiers, M. le maire de Dorat et M. Guionin, président de la Société de secours mutuels. Puis venaient, escortés par les sapeurs-pompiers, les tribunaux civil et de commerce, les conseils municipaux de Thiers (1) et de Dorat, la chambre de commerce, les principales autorités des communes voisines, tous les corps de fonctionnaires des divers services publics, les personnes notables de Thiers et des environs, les cinq cents ouvriers de la Société de secours mutuels, et cette foule si nombreuse et si recueillie qui s'étendait sur un espace de deux kilomètres.

Après la messe célébrée par M. l'abbé Beauregard, grand vicaire, délégué par Mgr l'évêque de Clermont, et l'absoute donnée par M. le curé de St-Genès de Thiers, le cortége a repris, dans le même ordre, le chemin de la chapelle de Barante où le corps de M. le baron devait être déposé dans le tombeau de la famille.

C'est alors, que devant cette tombe, au milieu des larmes de toute l'assistance, M. le prince de Broglie, au nom de l'Académie française, a prononcé le discours suivant, brillant tableau de la vie littéraire et politique de son illustre collègue, touchant et sincère hommage de l'amitié héréditaire dans sa famille, qu'il avait vouée à celui qu'ennoblissaient tant de vertus.

DISCOURS DE M. LE PRINCE DE BROGLIE :

« Messieurs,

» De cette tombe qui renferme les restes d'un être si cher, et qui sera arrosée de tant de pleurs, doit pourtant s'élever, avant toutes choses, un juste hommage de reconnaissance envers Dieu.

» L'homme excellent que nous pleurons nous a été con-

(1) Le conseil municipal de Thiers avait décidé qu'il assisterait officiellement et en corps aux funérailles de M. de Barante.

servé jusqu'à un âge avancé et n'est pas ravi à notre affection par une fin cruelle et soudaine. Il s'est éteint doucement, dans la pleine possession de sa vaste intelligence, serrant la main de la plus tendre et de la plus dévouée des compagnes, entouré de deux générations d'enfants pieux, léguant la gloire de son nom à l'héritier qui le porte si dignement. Il a pu, de son lit de mort, entendre monter jusqu'à lui les premières expressions de la douleur publique dont le concert éclate en ce moment. Remercions la main divine qui, pour graver plus profondément son souvenir dans nos cœurs, a fait d'une mort si touchante le couronnement d'une si belle existence.

» Vous savez tous comment cette existence a été remplie. M. de Barante a été, dans le cours d'une même vie, tour à tour ou tout ensemble, écrivain célèbre et populaire, chef de plusieurs de nos grands services publics, orateur influent de nos assemblées politiques, et, dans d'importantes ambassades, représentant de notre grandeur et de nos intérêts nationaux. Quand l'heure de la retraite a sonné pour lui, il a su encore du fond de sa studieuse solitude, commander, par d'éloquents accents, la respectueuse attention de la France. Ainsi il a travaillé jusqu'à la dernière heure. Ce vaillant lutteur est mort debout sur la brèche, et tous ses travaux, en apparence si divers, n'ont été pour lui que les moyens de mettre en œuvre une même pensée.

» M. de Barante a figuré au premier rang dans le groupe d'hommes éminents qui, épris d'un fier amour pour les libertés publiques, et sincèrement attachés à tous les progrès des temps modernes, ont entrepris de séparer ces biens précieux de l'alliage impur de crimes et de folies qu'y avaient mélangé, pendant la fin du dernier siècle, les passions révolutionnaires. Grande tâche qui devait être poursuivie à la fois dans la région des faits et dans la

région des idées, pour empêcher ici le désordre matériel
de troubler sans recours les sociétés modernes, là le désordre moral de chasser de l'intelligence humaine les
vérités qui en sont l'honneur : Dieu, l'âme et le devoir.
M. de Barante a consacré à cette œuvre tous ses efforts
dans tous les genres, aussi bien les travaux de sa vie
publique que les produits de son talent littéraire. On
peut dire qu'il n'a ni prononcé un discours à la tribune,
ni écrit une ligne de philosophie ou d'histoire qui ne se
soit rattachée dans son esprit à cette pensée dominante.
C'était toujours pour assurer à la France la possession de
quelque liberté civile, politique ou religieuse, en un mot
quelqu'un des biens promis en 1789, mais en les préser-
vant de l'abus ou de la licence qui menaçait d'en cor-
rompre les bienfaits. Ses plus anciens comme ses plus
récents ouvrages portent également la trace de cette
préoccupation. Par un rare exemple de persévérance, il
a mis un demi-siècle de labeurs au service d'une cause
qui était pour lui à la fois celle de Dieu, de la liberté et
de la France.

» Sans doute, il ne fut pas seule dans cette tentative,
dont d'autres non moins illustres ont partagé avec lui
soit la bonne, soit la mauvaise fortune. Mais il y a porté
la marque de son génie particulier et l'originalité de son
caractère : c'était l'accord d'une volonté douce bien qu'é-
nergique, d'une modération gracieuse de sentiments et de
langage. Bien qu'il eût des convictions très-arrêtées pres-
que sur tous les points, rien chez M. de Barante ne res-
semblait aux allures d'intolérance hautaine que prend
volontiers l'esprit de secte et de parti. Nul esprit n'était
plus large, plus libre, plus exempt de préjugés, plus accessible à la contradiction. Personne ne fut jamais, non-
seulement plus prompt à reconnaître, mais plus empressé
de rechercher et plus habile à discerner la moindre part

de vérité dans les opinions opposées aux siennes. Doué d'une rare faculté d'observation , il devinait les ressorts secrets qui font agir les hommes , il pénétrait d'un coup d'œil sagace l'intérieur des âmes, et cette intelligence des faiblesses et des passions humaines , secondée par un fonds de bonté naturelle , le portait instinctivement à l'indulgence. Mais l'indulgence n'allait jamais jusqu'à lui laisser compromettre le dépôt des vérités qu'il se croyait sûr de posséder et tenu de défendre.

» C'est ce mélange de douceur dans les formes extérieures, la souplesse dans la pratique des affaires et dans le maniement des hommes, de persistance tranquille dans le fond des doctrines , qui a imprimé à la carrière de M. de Barante un cachet d'unité morale qu'il serait curieux de suivre à travers les phases variées qu'il a parcourues. Mais raconter cette carrière, ce serait faire l'histoire du siècle entier ; ni le temps ni le lieu ne nous le permettent. Il faudrait vous le montrer d'abord attaché en qualité d'auditeur au Conseil d'Etat, à la suite des armées conquérantes du premier Empire , admis dans l'intimité du maître du monde, approchant de sa personne , recevant ses ordres et recueillant avec une surprise juvénile les vives saillies de cet impétueux génie. S'il en admire l'étendue , il n'en subit pas le charme ; il devine d'avance , avec une sagacité précoce , la fragilité d'un édifice qui repose tout entier sur la volonté d'un seul homme. Vous le verriez à la même époque (et c'est ici surtout que je regrette de ne pouvoir dire davantage) rester noblement fidèle , malgré les menaces du déplaisir impérial, à l'amitié d'une femme illustre et proscrite, dont les conseils généreux avaient formé sa jeunesse et jeté dans son cœur les germes d'un amour indestructible pour la liberté. Puis vous devriez le suivre dans les luttes constitutionnelles où s'est débattue et a péri la monarchie

restaurée, et où il sut garder, entre deux factions achar-
nées, une impartialité courageuse; tantôt défendant la
Restauration contre d'injustes attaques, tantôt lui résis-
tant, sans l'outrager, et ne l'abandonnant que quand elle
eut désespéré d'elle-même.

» Enfin, dans la dernière période de sa vie active, il
faudrait se transporter avec lui, au dehors, dans les pos-
tes diplomatiques, où il fut chargé après l'orage de 1830,
d'aller persuader à l'Europe effrayée qu'on pouvait être
libéral de conviction sans être révolutionnaire de pro-
fession et sans vouloir verser sur le monde la conquête et
la démagogie universelle. Partout vous auriez le même
spectacle de la même sagesse, ferme, sans ostentation,
mais sans défaillance, éclairée par un tour d'observation
un peu railleur, et ne dédaignant point de mettre une
honnête habileté au service du droit.

» Que ne puis-je aussi, dans la critique détaillée de ses
œuvres littéraires, vous présenter par un tableau paral-
lèle le développement du même caractère! Soit que dans
le *Tableau du dix-huitième siècle*, qui fut son coup d'essai,
mais que bien des maîtres auraient envié, il analyse avec
autant de finesse que de force les œuvres des plus grands
génies de notre langue; soit que, dans son *Histoire des ducs
de Bourgogne*, sous une forme naïve, empruntée à nos
vieux chroniqueurs, il essaie de peindre sans démontrer,
mais fait revivre pourtant le passé de la France avec des
couleurs si animées que, à tout instant, on est tenté de
faire la comparaison avec le présent; soit enfin que, dans
l'*Histoire de la Convention et du Directoire*, il fasse justice
des déclamations ridicules qui prétendaient transformer
en génie l'énormité du crime, c'est toujours le même esprit qui se déploie, c'est un spectateur sagace, qui se
prête avec complaisance à l'étude de la variété des temps,
des mœurs et des tempéraments humains, mais qui se

redresse avec une sévérité intraitable dès qu'un fait ou une idée offense quelqu'une des vérités morales qui sont comme incrustées au fond de sa conscience.

» Dirais-je enfin que ce contraste de la fermeté rigide du fond et de la douceur extérieure était sensible chez lui, même dans les relations privées? Vous me croiriez peut-être difficilement. Ici, surtout, dans ce lieu qui a vécu de ses bienfaits et qui l'a fait vivre à son tour de témoignages d'affection et de reconnaissance, où personne, même le plus humble de ceux qui m'écoutent, n'a jamais reçu de lui d'autre accueil qu'un sourire de bienveillance, on ne connaît guère que l'inaltérable aménité de son commerce, et la douceur paraît avoir été aussi bien le fond que la forme de M. de Barante. Oui, sans doute, M. de Barante était doux; c'était bien la pente de son cœur et l'essence même de son caractère; il était doux envers les offenses personnelles qui ne touchaient que son amour-propre ou son intérêt; il était doux envers les contrariétés de la vie, qui ne lui ont jamais arraché un murmure; il a été doux surtout envers les souffrances et envers la mort. Mais cette douceur n'allait pas jusqu'à lui faire abandonner, même dans une conversation passagère, le moindre des droits de la vérité. Si quelque mot, dit même en jouant, le heurtait au point sensible d'une conviction intime et désintéressée, la douceur faisait place à une irritation généreuse et contenue, qui trahissait seulement l'altération du teint et de la voix. Une réponse vive pouvait lui échapper alors, parfois même avec une pointe de malice qui laissait voir que s'il était d'ordinaire indulgent pour les faiblesses d'autrui et aveugle pour les défauts du prochain, il n'ignorait pourtant en ce genre que ce qu'il ne voulait pas savoir.

» Un dévouement si complet à la vérité devait lui mériter le bienfait de la connaître tout entière. De très bonne heure dans la vie, M. de Barante obtint de Dieu cette récompense. Appelé, par son devoir d'historien, à étudier dans le développement des peuples le jeu de cette force irrésistible qu'on appelle la marche de la civilisation, jamais il n'y avait voulu voir l'œuvre ni d'un aveugle hasard ni d'une fatalité inintelligente; toujours il en avait rapporté la direction et l'origine à l'action de cette sagesse divine de qui tout émane, aussi bien ce qui change que ce qui dure, et qui, bien qu'*immuable elle-même, renouvelle incessamment toutes choses.* Mais il ne lui suffit pas d'offrir à cette sagesse incréée l'expression d'une admiration stérile. Ce fut l'adoration de son cœur et l'humilité de son esprit dont il voulut faire hommage, en la reconnaissant sous la forme qu'il lui a plu de prendre ici-bas pour ménager nos regards éblouis, et dans l'éclat voilé de son humanité. C'est elle encore qu'il appelait à descendre dans son cœur, lorsque, sentant sa fin venir, il voulut recevoir avec une solennité inaccoutumée, devant sa famille et sa maison assemblées, le sacrement le plus auguste de la foi chrétienne. Ce jour-là, sans doute, l'humble fidèle dut faire une fois de plus l'aveu de ces fautes; mais le philosophe, le moraliste, le politique n'eut rien à désavouer de ses doctrines.

» Et maintenant partez en paix et laissez votre bénédiction à ceux qui vous pleurent, fidèle serviteur de toutes les libertés publiques, noble confesseur de toutes les vérités morales. Aux témoignages que vous rendent les larmes de cette foule émue se joint la voix des amis absents dont je suis l'interprète, de la compagnie dont vous étiez l'honneur, celle de tant de morts glorieux et chers qui ont combattu le même combat que vous, et que vous allez rejoindre. Je n'ai droit d'y mêler la mienne que parce que je représente ici à moi seul trois générations qui vous ont aimé. J'apporte sur votre tombe le souvenir de l'illustre amitié dont s'honora votre jeunesse, les adieux du plus fidèle et du plus cher des compagnons de votre vie publique et l'hommage filial de tous, qui, nourris de vos leçons dans leur enfance, sont heureux encore, dans les voies obscures et arides du temps présent, d'apercevoir de loin vos exemples pour se guider. »

Puis M. Grellet-Dumazeau a pris la parole en ces termes, au nom de l'Académie de Clermont :

« MESSIEURS,

» M. de Barante a été président de l'Académie des sciences, belles-lettres et arts de Clermont, et il en était resté le président d'honneur. Cette Compagnie a voulu qu'une députation, prise dans son sein, apportât ici l'hommage pieux de ses regrets. C'est ce devoir que je viens remplir.

» En face de ce deuil immense et de l'image des choses périssables, je ne me sentirais pas le courage de rappeler les travaux si nombreux et si variés de l'auteur de *la Littérature française pendant le XVIIIe siècle*, de l'*Histoire des ducs de Bourgogne* et de tant d'autres ouvrages qui, dans le cours non interrompu de plus de soixante années, ont constamment tenu en éveil l'attention d'un public d'élite et mérité ses suffrages. Aussi bien, l'homme se survit dans ses écrits, ou plutôt une nouvelle vie commence pour l'écrivain, au moment où l'âme inspiratrice, rendue à elle-même, se dégage de son enveloppe mortelle; mais cette vie d'outre-tombe appartient à la postérité qui commence, et c'est elle qui en juge les œuvres.

» Ce qu'il importe de montrer à tous, au départ de l'homme qui nous quitte, c'est le tableau de ses mœurs et de son caractère, lorsque ce tableau doit être pour ceux qui restent, un utile enseignement et un exemple salutaire.

» Cette tâche, Messieurs, vient d'être noblement accompli par une voix mieux renseignée et surtout plus autorisée que la mienne. Je m'arrête donc, et dans cette tombe encore ouverte je jette un suprême adieu à l'écrivain illustre qui ne dédaigna pas de s'associer à nos modestes travaux, au citoyen honnête qui demeura fidèle à ses convictions, à l'homme de bien dont la longue existence fut tout entière consacrée au culte de l'intelligence et à la pratique des vertus chrétiennes.»

Puis M. Guionin, président de la Société de secours mutuels, a prononcé les paroles suivantes :

«Permettez-moi, Messieurs, d'adresser en témoignage de notre reconnaissance, quelques paroles d'adieu à l'homme de bien que nous venons d'accompagner à sa dernière demeure.

» La mort de M. de Barante est un deuil public, et la nombreuse assistance qui m'entoure prouve que les regrets qu'elle excite sont universels. C'est qu'en effet, chacun de nous perd en lui un ami, un protecteur. Son cœur était ouvert à tous; il accueillait avec une bienveillance, avec une bonté toute paternelle ceux qui s'adressaient à lui, et nul ne le sollicita en vain. Sa charité était inépuisable et l'infortune trouvait toujours auprès de ce cœur généreux un soulagement et un appui assurés. Son bonheur consistait à faire et à répandre le bien.

» Parmi les œuvres nombreuses de bienfaisance que M. de Barante a créées, il en est une qui était l'objet de sa sollicitude particulière; je veux parler de la Société de secours mutuels de Thiers dont il était le fondateur et le président honoraire. Pénétré des services importants que cette institution devait rendre à la population ouvrière de notre ville à laquelle il était si dévoué, M. de

Barante l'avait dotée dès sa fondation d'une somme considérable qui lui avait été léguée par M. Mancel Chabot. Il ne cessa de lui donner jusqu'au dernier moment les marques du plus grand intérêt. Nous le voyions, heureux de la prospérité de son œuvre, assister régulièrement, malgré son grand âge, à toutes nos réunions, et éclairer nos décisions de ses lumières et de la sagesse de ses conseils.

» Après une longue existence pleine de bonnes œuvres, Dieu a rappelé à lui cet homme de bien pour le récompenser de ses vertus. Sa mort a été belle comme sa vie, il s'est endormi avec le calme du juste, nous léguant comme dernier bienfait l'exemple de son dévouement et de sa charité.

» Noble et cher bienfaiteur, adieu !.... Adieu du plus profond du cœur !

» Au nom de la Société de secours mutuels, je dépose respectueusement aux pieds de cette tombe l'hommage de nos sincères regrets et de notre éternelle reconnaissance.»

M. Joseph Gillet, propriétaire, habitant la commune de Dorat, a lu ensuite le discours suivant (1) :

« MESSIEURS ,

» Je viens, à mon tour, remplir un devoir de reconnaissance au nom de toute une population que , pendant près d'un siècle, M. le baron de Barante a comblé de ses bienfaits, couvert de sa protection et édifié de ses

____

(1) M. Péronne, avoué honoraire à Paris, et habitant Bourgeade, avait témoigné le désir de dire quelques mots au nom de la commune de Dorat. S'étant trouvé au dernier moment empêché de se rendre à Barante, il a prié M. Joseph Gillet de lire à sa place les paroles qu'il comptait prononcer.

bons exemples. La voix d'un modeste habitant de Dorat peut se faire entendre sans crainte sur cette tombe qui va recevoir une des grandes illustrations de notre pays. C'est la voix d'un enfant de Dorat, de ce coin de terre ignoré auquel M. le baron a réservé, comme il aimait à le dire, la meilleure part de sa vie. Là était le berceau de sa famille, ce château de Barante relevé et embelli par sa piété filiale, asile ouvert à toutes les souffrances, foyer héréditaire de toutes les vertus. C'est là que l'homme d'État, le grand écrivain, venait se reposer et se retremper dans des loisirs toujours laborieux, au sein d'une belle et nombreuse famille dont il était le chef vénéré, vivant d'une vie patriarchale, partageant avec sa noble compagne les soins d'une bienfaisance inépuisable, accessible à tous, aux plus humbles et aux plus pauvres surtout, réalisant en un mot sur cette terre l'idéal le plus complet de l'homme de bien. Nous lui devons la reconstruction de notre église, préservée, grâce à lui, du fléau des inondations. Nous lui devons la fondation de cette maison où de saintes femmes se dévouent au soulagement de nos malades et à l'instruction de nos enfants. Il n'est pas, autour de Barante, une infortune ou une douleur qui n'ait reçu de lui assistance et consolation. Aussi notre perte est elle immense et la douleur de tous ceux qui m'entourent le témoigne plus que toutes mes paroles.

» Adieu, Monsieur le baron, notre protecteur, notre ami, notre père !... Que votre belle âme continue à veiller d'en haut sur cette famille et sur cette contrée que vous avez tant aimées. Votre mémoire sera pieusement conservée parmi nous et nous apprendrons à nos enfants ce que nos parents nous avaient appris à nous-mêmes : à bénir et à honorer votre nom de génération en génération.»

Enfin , M. de Carmantrand de La Roussille , premier adjoint à Thiers, a dit :

« MESSIEURS,

» Pardonnez à l'émotion bien légitime qui me gagne en prenant la parole , dans une circonstance aussi douloureuse et solennelle , devant une aussi imposante et nombreuse assemblée; mais j'ai un devoir à remplir, devoir qui part du cœur !...

» Représentant de la ville de Thiers , je dois, au nom de ses habitants , rendre un hommage public à la mémoire de M. de Barante , le consolateur de l'indigent , le bienfaiteur des pauvres de notre ville.

» Je ne saurai, comme les personnes qui m'ont précédé , vous faire un éclatant discours ; mais pourquoi un cinquième discours? Cette foule qui nous environne, émue et recueillie n'en dit-elle pas à elle seule plus que les plus belles oraisons funèbres? Chacun comprend qu'il vient de perdre un protecteur, un bienfaiteur...

» Aussi, Messieurs, le riche, comme le pauvre, obéissant en cette triste circonstance à un sentiment commun, me font vous dire, sans craindre un démenti :

» M. de Barante emporte dans sa tombe les regrets, l'amitié et les respects de tous les habitants de Thiers, et dans nos cœurs restera à jamais gravé, en caractères ineffaçables le souvenir de ses bienfaits !!! »

Puis la foule, vivement émue, s'est retirée silencieuse et recueillie, en jetant un dernier regard et un dernier adieu sur celui dont le nom et la mémoire revivront toujours dans nos cœurs.

Nous avons appris depuis que l'Académie française, dans sa réunion du jeudi 29 novembre, a remercié officiellement M. le prince de Broglie de s'être rendu à Barante, pour payer un juste

tribut de regrets et d'hommages à l'illustre con-
frère qu'elle venait de perdre. Elle lui a de-
mandé de donner lecture du discours qu'il y a
prononcé et a décidé que ce discours serait imprimé et distribué dans la forme ordinaire de ses
publications.

Enfin, le 5 de ce mois, la Société de secours
mutuels a voulu aussi témoigner sa reconnaissance
à celui qui l'avait fondée et qui lui avait donné
depuis tant de marques du plus bienveillant intérêt. Elle a fait célébrer une messe solennelle à
laquelle la famille, malgré sa douleur si vive et
si récente, a bien voulu assister. Le cortége, com-
posé des principales autorités locales, des membres honoraires et titulaires de l'Association, et
précédé de la bannière où se trouvent inscrits à
côté du touchant emblème de la Société les noms
de MM. de Barante et Chabot, s'est rendu à
l'église Saint-Genès. Après la funèbre cérémonie,
M. Prosper de Barante a chargé M. Guionin de re-
mercier les sociétaires de la nouvelle preuve d'affection et de reconnaissance qu'ils venaient de
donner à la mémoire de son père.

H. DUMAS.

Thiers, le 5 décembre 1866.

Thiers Imp. Cuissac